LETTRE

A

M. RESAL,

DÉPUTÉ DES VOSGES A L'ASSEMBLÉE LÉGISLATIVE,

A PROPOS DE SA BROCHURE INTITULÉE :

UN

MOT SUR LA SITUATION;

PAR J. HAXO,

Docteur en médecine, Secrétaire perpétuel de la Société d'Emulation des Vosges.

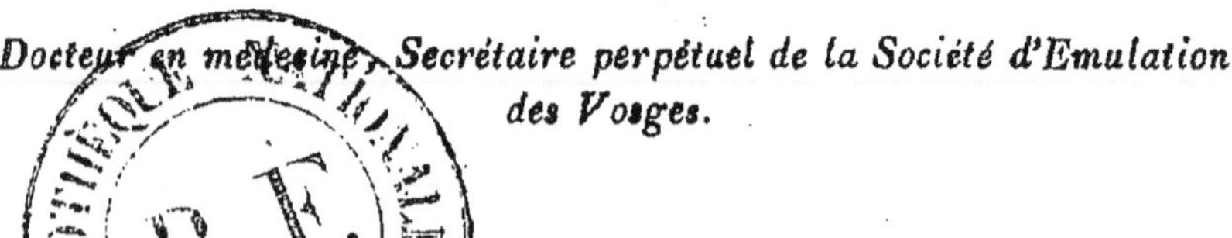

ÉPINAL,

IMPRIMERIE D'A. CABASSE, 2, RUE DU COLLÉGE.

1849.

MONSIEUR ,

Vous avez publié dernièrement , *sur la situation*, une brochure qui a eu beaucoup de retentissement dans nos Vosges, et que , pour ma part, je tiens à honneur d'avoir contribué à y répandre.

Ainsi que vous le dites justement, ce n'est pas un ouvrage que vous avez prétendu faire, c'est mieux, c'est un acte : j'ajoute, moi, ce qu'il ne vous était pas permis de dire, c'est un acte d'homme de cœur, de bon citoyen : il prouve votre courage, la force de votre conviction ; le pays ne peut que vous en savoir gré. Les populations , après tout, sont moins indifférentes et oublieuses qu'on le croit communément. Au mois de mai dernier, les Vosgiens se sont souvenus de votre premier écrit , et votre présence à l'Assemblée nationale est la meilleure preuve qu'ils ne sont point ingrats.

Honneur à vous, Monsieur, qui, au milieu du débordement des mauvaises passions, des doctrines subversives, des lâchetés de toutes couleurs, n'avez pas craint de faire entendre la voix d'un homme de bien : honneur à vous, pilote clairvoyant, qui, sur cette mer si tourmentée, n'avez pas hésité à signaler un des écueils sur lesquels le vaisseau social peut à chaque instant venir se briser.

N'en doutez pas, Monsieur, votre voix a été entendue, vos paroles raffermiront bien des cœurs, retremperont bien des courages. Quand un naufrage universel a renversé le fanal de tous les principes, de toutes les doctrines qui font la base des lois et des relations habituelles chez les nations civilisées, on est heureux de reposer sa vue sur les vérités éternelles que vous relevez du sein des vagues qui menaçaient de les engloutir et que vous inscrivez fièrement sur votre bannière. C'est un véritable baume sur les blessures dont nous saignons encore, que ces belles paroles de Francklin qui vous servent d'épigraphe : *Si quelqu'un vous dit que vous pouvez vous enrichir autrement que par le travail et l'économie, ne l'écoutez pas, c'est un empoisonneur.* Et que d'empoisonneurs, Monsieur, depuis février 1848 ! Mais n'est-ce pas appliquer le véritable contre-poison, que mettre à jour l'absurdité, l'immoralité des doctrines prétendues socialistes, et d'en déduire, comme vous le faites logiquement, rigoureusement, les désastreuses conséquences.

Je le répète, le pays vous doit toute reconnaissance, et il me faudrait citer votre travail d'un bout à l'autre, pour mettre dans tout son relief ce qu'il contient de vrai, de juste, d'utile. Mais à quoi bon citer, quand tout le monde a lu? quand chacun a pu juger par lui-même l'excellence des principes, la justesse des idées, la solidité des doctrines, la convenance, la sobriété du langage, ce qui n'exclut ni l'élégance du style, ni l'heureux choix des expressions, ni surtout la clarté rigoureuse et logique des déductions?

A ce tribut d'éloges bien mérités, permettez-moi cependant, Monsieur, de mêler quelques paroles, non de blâme, vous ne m'en offrez pas même le prétexte, mais de cette critique amicale et bienveillante, qui n'empêche ni la solidarité des vues, ni le partage des mêmes opinions, ni la communion des mêmes principes.

Vous le savez, les Romains, dans leurs prudents usages, plaçaient derrière le char du triomphateur, comme pour tempérer son énivrement, un esclave chargé de faire arriver à son oreille de ces dures vérités qui modèrent l'orgueil du succès ;

eh bien, je veux être pour vous le personnage chargé de ce rôle, dont vous êtes fait pour comprendre la haute moralité; aussi, vous dirai-je sans détour, qu'à mes yeux, votre écrit est incomplet, qu'il n'éclaire qu'un des côtés de notre situation, tandis que son titre me semblait vous imposer l'obligation de nous la dévoiler tout entière.

En effet, Monsieur, si les progrès du faux socialisme, si les funestes doctrines qu'il s'évertue à répandre, si la déplorable philosophie qu'il cherche à faire prévaloir, sont, dans leur ensemble, un des dangers qui nous menacent, et ce n'est pas moi qui le nierai, je ne crois pas que ce danger soit le seul, je ne crois pas même qu'il soit le plus immédiat, ni le plus pressant.

Ainsi que je le disais, il y a quelques mois, dans un autre écrit, auquel on a fait trop d'honneur en vous l'attribuant (*), le socialisme me semble surtout le danger de l'avenir; et, remarquez-le bien, je ne veux pas dire par là que ce danger soit fort éloigné. Au temps où nous vivons, les événements marchent vitent, les siècles sont tout au plus des années; l'avenir, c'est peut-être l'année prochaine, c'est peut-être demain; mais enfin, je veux dire que, pour le moment, les détestables principes du faux socialisme sont appréciés à leur juste valeur; que les coupables efforts de ceux qui en prennent le masque pour préparer des bouleversements, sont partout à peu près déjoués ou comprimés; que si, plus tard, le volcan doit, par malheur, faire éruption, le feu du moins n'est plus à la mine, et que nous avons un instant pour respirer.

Mais devons-nous pour cela nous hâter de monter au capitole, pour rendro grâco aux Dioux ? Hélas ! d'autres périls nous menacent et sont en ce moment suspendus sur nos têtes. Il importe de les signaler au pays, afin qu'il les évite et ne tombe pas, pour mieux fuir les faux-prophètes, dans les dangers que lui préparent, d'un côté, l'inconcevable indifférence de ceux qui cachent leur apathie et leur égoïsme sous le manteau de la modération; de l'autre, les folles ou coupables espérances de ceux qui croient trouver dans le retour d'un passé à jamais condamné, un remède aux maux qui ruinent et désolent notre pays.

(*) Humbles conseils dans une grave circonstance, par un Vosgien qui n'est pas candidat.

Je n'ignore pas que telle est aussi votre opinion ; je n'ai pas oublié votre discours au banquet du Comice de Mirecourt ; mais, pourquoi ne l'avoir pas dit dans votre *Mot sur la situation*.

A cela vous pourrez me répondre qu'on ne peut tout dire dans une feuille d'impression, que les limites étroites que vous avez été contraint de vous imposer, ne vous ont pas permis pas de vous laisser entraîner aussi loin ; d'accord, je le comprends, et c'est précisément pour cela que j'essaie de suppléer à ce que vous n'avez pu dire.

En le faisant, croyez-le bien, je n'ai nullement la prétention de dire aussi bien que vous. Une prétention semblable, l'opinion publique en aurait bientôt fait justice ; mais, tout en confessant mon infériorité, pourquoi renoncerais-je à faire entendre quelques vérités, que je crois de circonstance et bonnes à répandre. Je ne suis pas, je l'avoue, de l'école de ce philosophe qui déclarait qu'eut-il des vérités plein la main, il se garderait bien de l'ouvrir ; quand je crois qu'une chose peut être utile, je ne saurais la garder pour moi : c'est sans doute un travers, je ne le conteste pas, mais je crois, qu'à défaut d'autre mérite, on peut du moins se retrancher derrière celui d'avoir le courage de son opinion ; ce n'est peut-être pas le plus éclatant, mais ce n'est pas non plus, je pense, le plus commun du temps où nous vivons.

Pour aborder franchement la question, et aller tout de suite au cœur de la difficulté, soyons avant tout de bonne foi, et ne cherchons pas à cacher la dangereuse tendance de certains faits derrière la pureté des intentions. Les manœuvres du royalisme ne sont un secret pour personne ; ses journaux de toutes nuances nous tiennent chaque jour au courant de ses espérances, de ses intrigues, nous montrent clairement le but vers lequel il tend, et la discussion qui vient d'avoir lieu à l'Assemblée, sur la proposition de MM. Creton et Bonaparte, doit à cet égard achever d'ouvrir les yeux des moins clairvoyants.

Assurément, dans un siècle de scepticisme et de manque de foi, comme le nôtre, il y a quelque chose de respectable, au premier abord, de séduisant même, dans cette religieuse adoration d'un passé glorieux ; dans cette confiance aveugle, irréfléchie, absolue, en un principe qu'on croit destiné à sauver le monde, à régénérer une société qui croule et s'abîme, faute d'une base solide, faute d'une croyance inébranlable. Oui, je ne le nie pas, en théorie, cela ne manque ni de grandeur, ni de ce prestige religieux, chevaleresque, qui plaît tant aux grands cœurs, aux âmes élevées ; mais, quand des hauteurs de cette décevante théorie on descend aux difficultés réelles, palpables, de l'application ; qu'on voit clairement qu'elle ne peut se faire qu'à travers des ruines, au prix d'un sang précieux, au milieu des hasards d'une lutte et des incertitudes d'une victoire, alors on ne doit plus hésiter à combattre des préjugés surannés, qu'on prend pour des principes respectables, salutaires, et à empêcher, par tous moyens, des tentatives qui deviendraient coupables et amèneraient d'infaillibles catastrophes : la paix du pays, le salut de la société sont en péril ; tout doit se taire devant de si grands intérêts, tout doit céder à de si impérieuses nécessités.

Et qu'on ne dise pas que je m'exagère les choses, que je me crée des fantômes, pour avoir le plaisir de les combattre ; comme moi, comme tout le monde, vous avez chaque jour sous les yeux ces articles de journaux, ces discours de tribune qui révèlent si clairement la pensée des partisans obstinés du pouvoir monarchique. Si l'on avait pu jusqu'aujourd'hui conserver la moindre illusion sur leurs vues ultérieures, je le demande à tout homme de bonne foi, je le demande à vous surtout, Monsieur, qui étiez sans doute à la chambre le jour où M. Berryer est venu, si résolument arborer à la tribune le drapeau du légitimisme ; y a-t-il encore possibilité de douter, et peut-on, sans se rendre coupable de complicité, fermer les yeux à cette lumière si vive, que le discours du chef avoué des partisans d'Henri V est venu jeter sur cette question ?

Qui pourront-ils tromper maintenant, lorsqu'ils viendront parler de je ne sais quelle union entre toutes les nuances qui forment la majorité de l'Assemblée ? Où est la possibilité de cette union qu'ils invoquent sans cesse, pour mieux résister, disent-ils, à ce qu'ils appellent l'ennemi commun, c'est-à-dire, au socialisme. Quel est ce grand parti de l'ordre qu'ils veulent discipliner et rendre compact sous prétexte de sauver la société battue en brèche, par les funestes enseignements des enfants perdus de la démagogie ? Quels gages avons-nous de leur

franchise , quelles preuves de leur bonne foi , de leur désinté-
ressement? Le discours de M. Berryer nous apprend sur quoi
nous devons compter avec ces hommes , dont on a dit tant de
fois , qu'ils n'ont rien appris , rien oublié. La campagne qu'ils
entreprennent est-elle au profit du pouvoir sorti de l'élection
du 10 décembre , au bénéfice des principes démocratiques qui
font la base du gouvernement républicain ? Qui oserait le dire?
qui ne voit clairement au contraire, que cette nouvelle *ligue du
bien public* a pour objet, dans leur pensée du moins , la res-
tauration de la monarchie, et que c'est nous, hommes de bonne
foi, républicains du lendemain, démocrates un peu récalcitrants,
peut-être, dans le principe, mais aujourd'hui franchement ralliés
à l'ordre de chose actuel, partisans loyaux d'une forme de gouvernement qui n'est pas de notre choix , sans doute , mais qui du
moins a nos sympathies, parce qu'elle nous paraît être notre seule
ancre de salut , que c'est nous, dis-je, qui, en définitive, paie-
rons les frais de cette croisade. N'est-il pas clairement démontré
qu'il ne saurait y avoir d'union franche , loyale , sans arrière
pensée , entre leurs idées et les nôtres ? Qu'une coalition mo-
mentanée est seule possible, et qu'en tout cela, nous faisons un
métier de dupes , car après les avoir aidés à renverser ce qui
est, nous ne serons pas même admis au partage des dépouilles.

D'ailleurs, qu'on y réfléchisse un peu , et qu'on me dise sur
quoi ils basent leurs espérances. Supposons qu'ils réussissent,
et qu'un heureux coup de main les rende maîtres de la situation ;
supposons que la France, ou complice , ou fatiguée , les laisse
faire et accepte, sans résistance, leur principe et celui qui en est
la personnification: où cela nous mènera-t-il ? et combien cela
durera-t-il ? Est-ce donc la première fois que la France essaie
de là monarchie ? le passé n'aura-il donc jamais la puissance
de servir de leçon, et faudra-t-il sans cesse remettre en question les choses que le temps a définitivement résolues ? Est-ce
après les catastrophes subies , sous nos yeux , par la royauté,
qu'il sera possible de nous faire croire, qu'elle seule peut sauver la patrie ? Mais , ce principe qui est votre culte , votre re-
ligion, quelle force a-t-il encore , quel prestige a-t-il conservé ?
a-t-il protégé la branche aîné contre la vengeance légitime d'un
grand peuple , blessé dans ses droits les plus inprescriptibles?

a-t-il sauvé la branche cadette des mépris d'une nation blessée dans sa délicatesse et sa susceptibilité ? Il faut un pouvoir fort, dites-vous. Eh, grand Dieu ! qui donc était plus fort que le grand empereur à la tête de son million d'hommes ? cela l'a-t-il empêché de tomber quand son jour est venu ? Il n'y a de pouvoir fort que celui qui, ayant ses racines dans le cœur de la nation, s'appuie, non sur les baïonnettes, mais sur les vrais intérêts du peuple, et j'entends par peuple, toutes les classes de la société, sans priviléges ni exception. Eh bien ce n'est pas là que la monarchie a jamais cherché son point d'appui ; et celle que vous voulez restaurer, marchera, de toute nécessité, sur les traces de ses aînées, qu'elle soit élective ou de droit divin.

Vous vous bercez d'illusions, illusions généreuses j'y consens, mais qui n'en seront pas moins funestes pour notre malheureux pays qui, sous vos inspirations, je le crains, incline vers la pente fatale qui conduit les nations à leur perte. Croyez-vous donc que vos ennemis s'endorment pendant toutes vos discussions ? croyez-vous qu'ils ne mettent pas précieusement à profit le temps que vous perdez en guerre de portefeuilles, en querelles d'influences, en misères de partis et de personnes ? Ne vous y trompez pas, le socialisme, il est vrai, n'est plus terrible et menaçant au milieu de la rue ; il se fait petit, au contraire, il se cache et rampe sous terre, il creuse le sol et prépare les abimes ; voyez l'attitude que prennent de toutes parts, comme à un signal donné, les hommes notoirement connus comme les adeptes des nouvelles doctrines, comme les prophètes de la bonne nouvelle, ainsi qu'ils s'intitulent ; ils sont calmes en apparence, et acceptent avec une feinte résignation, leurs récentes défaites ; mais gardez-vous de vous fier à ces semblants d'humilité de la part de ces hommes qui ont juré haine éternelle, guerre à mort à un ordre social qui n'a pas de place pour leur insolent orgueil, pour leur insatiable ambition : ne les croyez ni endormis, ni désarmés, et, de ce qu'ils vous dissimulent adroitement leurs manœuvres, n'en concluez pas qu'ils sont inoffensifs et s'avouent vaincus. Jamais peut-être ils ne se sont donné plus de mouvement, livrés à plus d'agitations, mais dans l'ombre et surtout sans bruit. Partout, ils se comptent, se concertent, s'encouragent, échangent des mots d'ordre et des signes de ralliement ; leur entente très-cordiale avec cet aveugle et incorrigible parti des républicains de la veille, est un fait partout consommé ; de concert avec ces hommes jadis leur ennemis, aujourd'hui leurs alliés et bientôt leurs instruments en attendant qu'ils soient leurs dupes, ils infiltrent sourdement le poison de leurs détestables doctrines dans ces cœurs malades, ulcérés, dans ces esprits blessés, qui sont en si grand nombre dans les bas-fonds d'une société comme la nôtre. Il est évident qu'ils n'attendent qu'une occasion, un prétexte ; eh bien ! cette occasion, ce prétexte, c'est *le légitimisme* qui le leur fournira.

Le jour où se croyant sûr de triompher, il essaiera de relever une bannière, jadis glorieuse, mais à jamais abattue, et voudra imposer à un peuple fier et justement susceptible, un gouvernement *dont il ne veut plus*, alors ce jour là éclatera la mine creusée et armée sous nos pas ; alors toutes les forces du socialisme descendront dans la rue, se rueront sur une société surprise et désarmée, et la France, hélas, trop tard désabusée, verra avec effroi, du sein d'une boue sanglante, se dresser ce drapeau rouge, sinistre signal d'une guerre sauvage et d'une extermination sans grâce ni merci.

Voilà, Monsieur, voilà les jours heureux que les intrigues du royalisme nous préparent, voilà la perspective qui frappe tous les yeux qui ne veulent pas obstinément se fermer à la lumière. Et pour parer à de si désolantes éventualités, que fait-on, que prépare-t-on ? Comment se dispose-t-on à soutenir ce siége redoutable dont la société est menacée ? Chacun le sait, et chaque jour nous pouvons en acquérir la preuve dans les journaux, dans le récit des débats de l'Assemblée. On joue à une espèce de quatre coins parlementaire : chaque parti tire à soi, met en avant ses hommes influents ; c'est à qui emportera un lambeau du pouvoir, c'est à qui fera les plus larges trouées à ce manteau glorieux, que six millions de suffrages ont mis, au 10 décembre, sur les épaules du Président de la République. La grande affaire ce n'est pas de consolider le gouvernement, de rendre la France heureuse au dedans, forte et glorieuse au dehors ; de rétablir le respect de l'autorité si dédaigné de notre époque sceptique et railleuse ; de régénérer le crédit, de combler le gouffre toujours béant du déficit; non, c'est de savoir si M. Odilon Barot restera ministre, si M. Thiers le deviendra, si ce sera M. Molé, en attendant l'avénement de MM. Berryer, Montalembert et comp^e. Et voilà comme on prétend gouverner un grand pays dans l'état de crise où se trouve le monde; voilà les remèdes qu'on oppose à cette dissolution générale de toutes choses, de toutes croyances, de tous principes : c'est ainsi que les pilotes habiles qui sont au gouvernail, entendent conduire notre barque désemparée vers le port du salut, et la préserver du flot qui menace à tout instant de l'engloutir.

Serait-il vrai que Dieu abandonne les nations qui doivent périr, et que le vertige qui s'empare des peuples, dans les crises extrêmes, soit un symptôme de dépérissement et de mort ? On serait tenté de le croire quand on observe attentivement les faits dont nous sommes chaque jour les témoins et qu'on envisage leurs inévitables conséquences. C'est en vain qu'on signale les périls de la situation, qu'on montre du doigt les dangers de toute sorte qui nous environnent de toutes parts : personne ne veut les voir, ou les voyant, personne ne tente d'y échapper; chacun semble frappé d'aveuglement, chacun se retranche dans la plus incroyable inertie, comme si tout le monde n'était pas également menacé, comme si, la civilisation périssant, la société tout entière ne tombait pas dans le gouffre largement ouvert qui menace de tout engloutir.

Ah ! voilà le véritable mal; voilà la plaie saignante, l'ulcère incurable ! c'est l'égoïsme étroit dans lequel chacun se renferme, c'est l'individualisme stupide et rétréci, derrière lequel chacun croit se mettre à l'abri des malheurs du temps : et voilà justement ce que je regrette que vous n'ayiez pas signalé; je sais que ces idées sont les vôtres, mais je sais aussi qu'elles perdent à n'être pas exprimées par vous; votre voix, partie de plus haut, eut trouvé bien plus d'écho dans notre pays; au lieu de ne tourner qu'un feuillet de notre histoire d'aujourd'hui, pourquoi ne l'avoir pas déroulée tout entière? pourquoi n'avoir pas doublé l'utilité de vos conseils en portant plus loin votre coup-d'œil, en reculant l'horizon auquel vous avez cru devoir vous borner ? N'est-ce pas un devoir pour ceux, qui, comme vous, concourent à conduire le char de l'État, de ne pas laisser prendre exclusivement les rênes par ces malencontreux automédons qui n'évitent la fondrière de gauche que pour nous jeter dans celle de droite, et nous conduisent en aveugles vers d'inévitables catastrophes ?

Je voudrais bien mettre fin à cette lettre, déjà trop longue, je le sens ; mais cependant je ne veux pas la terminer sans vous dire que le langage que je tiens ici, les pensées que j'exprime, les craintes que je vous manifeste, ne sont pas exclusivement mon langage, mes pensées, mes craintes. Ma manière de voir, en ces matières, est partagée par beaucoup de monde dans notre pays ; et, en ceci, je ne suis que l'écho d'un grand nombre de nos concitoyens. On se tromperait étrangement, Monsieur, si de certaine élection, on croyait pouvoir conclure que l'idée monarchique compte parmi nous beaucoup de partisans. Ce qui domine chez nous, c'est le désir de la stabilité, de l'affermissement du pouvoir, car ce n'est qu'à ces deux conditions qu'on peut espérer voir renaître la confiance, ressusciter le crédit, se relever le commerce. On est las de cette incertitude qui pèse d'un poids si lourd et depuis si longtemps sur les affaires du pays ; on est fatigué des embarras de la situation, on redoute surtout les éventualités d'un avenir plein de vague et d'obscurité. Aussi pour ne pas courir les chances si hasardeuses que peuvent amener de nouveaux changements, pour éviter les boulversements que ne manqueraient pas d'occasionner des tentatives qu'on redoute et dont les journaux de Paris semblent nous menacer chaque jour, se résigne-t-on facilement au maintien de ce qui est, pour peu que ce qui est s'affermisse et promette de durer. Je ne veux pas dire par là que la forme républicaine du gouvernement eut été précisément celle qu'eut choisie notre population, si elle eut pu être consultée ; mais enfin, elle s'y rallie franchement et n'a guère d'arrière pensée monarchique. Aussi voit-elle avec regret les attaques continuelles auxquelles le pouvoir présidentiel est en but de la part des partis extrêmes ; et s'est-elle gardée d'applaudir au parti qu'a cru devoir prendre l'Assemblée d'abandonner la politique qui se résume dans la lettre du Président sur les affaires de Rome, politique pleine de grandeur, de patriotisme, et, pour tout dire en un mot, véritablement populaire. Les motifs de l'Assemblée, on ne les discute pas sans doute , peut-être même les trouve-t-on plausibles, mais on désapprouve généralement le résultat , et cela précisément parce qu'on craint que le vote du 20 octobre ne soit une concession aux idées monarchiques, dont, à tort ou à raison , on croit la majorité fortement imbue.

Voilà , Monsieur, ce qu'on pense généralement dans nos montagnes sur la marche actuelle des choses, car chacun y fait un peu de politique , et depuis que tout le monde est électeur, tout le monde veut un peu se mêler des affaires d'Etat. Ce n'est plus à présent le privilége exclusif de quelques-uns , c'est le droit de tous et chacun en use à sa façon. Nous ne sommes plus à l'époque où l'on attendait les journaux de Paris pour y prendre une opinion toute faite ; à présent , nous prenons la peine de nous la faire nous-même , et je dois ajouter qu'elle n'est pas toujours conforme à celle des feuilles les plus accréditées de telle ou telle nuance. Nous sommes assez naïfs , par exemple , pour croire qu'on mettrait plus sûrement le socialisme en échec , en abordant franchement quelques-unes des difficultés qu'il a tenté de résoudre par la force, en donnant satisfaction, dans de justes mesures , aux légitimes exigences des classes ouvrières , dont il ne parvient à soulever les passions et à se faire des auxiliaires , qu'en leur faisant croire que lui seul connaît leurs besoins et peut alléger leurs misères ; oui, nous croyons qu'ainsi on paralyserait plus sûrement ses hypocrites manœuvres, qu'en lui suscitant des procès politiques où il se pose en victime, où ses docteurs se drapent en héros , et dans lesquels le pouvoir a plus à perdre qu'à gagner. Aussi, tout en reconnaissant que celui qui se discute aujourd'hui à Versailles était inévitable , en déplore-t-on la triste nécessité.

Je me résume, Monsieur, car il faut en finir: oui, le socialisme , tel du moins que l'entendent nos fauteurs de troubles , nos professeurs de démagogie , est un de nos dangers ; mais ce n'est ni le plus prochain, ni le plus pressant. La réaction monarchique est *actuellement* bien autrement à craindre, car elle peut dès demain nous susciter des troubles dont le socialisme ne manquerait pas de profiter pour arriver à son but: le bouleversement général , le renversement de toutes nos institutions, la ruine de la société et de la civilisation. Le boulevard le plus assuré contre les prétentions égoïstes et chaque jour plus avouées de l'esprit monarchique, ce n'est pas dans le prétendu parti modéré qu'on le trouvera ; ce parti est formé, on le voit bien aux allures de l'Assemblée, d'éléments trop incohérents pour jamais devenir harmoniques. Là où il n'y a qu'union d'intérêts, il ne saurait y avoir solidarité de principes, et c'est par la communauté de principes seule que les grands partis politiques se forment et durent. Le gouvernement actuel ne le voit que trop aujourd'hui : ce n'est pas là qu'il trouvera son véritable point d'appui ; il faut qu'il le cherche dans ces hommes pour qui l'ordre et la tranquillité sont les premiers besoins, qui se ralliant franchement à l'ordre de choses actuel, acceptant loyalement et sans arrière-pensée d'aucune sorte le pouvoir nouveau surgi de la Révolution de février, sont seuls capables de donner au gouvernement d'une grande nation la force dont il a besoin pour résister à la fois aux passions aveugles des hommes qui voudraient le lancer dans les voies aventureuses d'un avenir plein d'obscurité, et aux désirs insensés de ceux qui voudraient l'entraîner dans les voies rétrogrades d'un passé qui ne peut plus revivre.

Epinal, le 1er novembre 1849.

P. S. Cette lettre était écrite, et déjà sous presse, lorsque le message du Président et le changement de ministère qui en a été la conséquence, sont venus donner une physionomie nouvelle à la politique du jour. Peut-être eussè-je dû modifier quelques passages, sans toutefois toucher au fond. Je ne l'ai pas voulu, dans la pensée que l'intelligence du lecteur saurait bien faire la part des circonstances.